YO-DAB-827

CCSS **Género** Fantasía

Pregunta esencial
¿Por qué es mejor trabajar en equipo para resolver problemas?

Los amigos del prado

Sabrina Herreros
ilustrado por Nana González

Capítulo 1
La fuerza y la debilidad. 2

Capítulo 2
Una idea genial. 6

Capítulo 3
Problema resuelto 10

Respuesta a la lectura. 16

LECTURA COMPLEMENTARIA Los Cazadragones 17

Enfoque: Género 20

Capítulo 1

La fuerza y la debilidad

El prado parecía desierto. El viento soplaba mucho. El colibrí era el único que permanecía allí. Era firme y hermoso. Estaba frente a la flor más colorida del lugar.

El colibrí tenía mucha fuerza en las alas, pero volar se le hacía difícil. No era fácil sostenerse con tanto viento.

—¡Hola, Picaflor! —dijo la flor.

—¡Hola, Karina! —contestó el colibrí.

Karina era el nombre que los animales del prado le habían puesto a la flor.

—¡Te veo muy arrugada hoy! —le dijo Picaflor.

Al colibrí le llamó la atención uno de sus pétalos. Lo tocó con el ala y le pareció una escama. El pétalo estaba áspero y debilitado.

...r le contó al colibrí:

—Hace mucho que no llueve y estoy agotada. Necesito agua.

El colibrí intentaba sostenerse en el lugar. Pero el viento azotaba muy fuerte. Voló hacia atrás y hacia adelante. Trataba de meter su pico en la flor. Quería encontrar algún insecto o un poco de néctar. Necesitaba alimentarse. Pero con tanto viento, no pudo.

Al rato llegó la abeja Josefa.
Necesitaba polen para terminar
su tarea. Ella tampoco pudo hacer
su trabajo.

Además el sol se estaba escondiendo
y no se podía ver muy bien. La flor
Karina, el colibrí Picaflor y la abeja
Josefa estaban exhaustos. Decidieron
descansar hasta el otro día. Josefa y
Picaflor buscaron un escondite. Llegaba
la noche. Karina, la flor, se quedó
donde estaba.

AHORA COMPRUEBA

¿Qué problema tenía el colibrí?

5

Capítulo 2
Una idea genial

La mañana era hermosa y el sol brillaba mucho. La flor se despertó primero, pero todavía estaba cansada. Estaba arrugadita. Sus pétalos secos parecían escamas.

El colibrí y la abeja se acercaron despacito. También seguían cansados. Tenían que realizar sus tareas, pero no tenían fuerza.

De repente, apareció <u>Yolanda</u>. Era una mariposa muy colorida y ágil. Tenía una aleta cortada, pero volaba muy bien.

En la primavera pasada, un lagarto había intentado cazarla. Yolanda tuvo suerte y se salvó. Era muy inteligente y siempre tenía ideas geniales.

Detective del lenguaje	¿<u>Yolanda</u> es un sustantivo común o propio? ¿Cómo lo sabes?

—¿Cómo están? ¿Por qué están tan cansados? —preguntó Yolanda.

—No podemos más. Nos faltan fuerzas. El viento sopla mucho. Nadie puede trabajar. El sol seca mis raíces. Hace mucho tiempo que no llueve. Así, todo se hace más difícil —explicó la flor.

La mariposa tuvo una gran idea:

—¡La solución está en unir nuestras fuerzas, amigos! Hay que actuar con rapidez. Formaremos un equipo entre todos. Le pediré ayuda a Pepe, el grillo.

La mariposa se puso a trabajar inmediatamente.

AHORA COMPRUEBA

¿Por qué los animales no podían trabajar?

Capítulo 3
Problema resuelto

El canto del grillo resonó en el prado. Pepe estaba decidido a colaborar. Era un insecto muy comprometido con la naturaleza. Entonces pidió a las nubes:

—¿Señoras nubes, podrían chocar y hacer que llueva?

—¿Por qué quieres que hagamos llover? —contestó la nube más grande de todas.

—Así, nuestra amiga la flor podrá tomar el agua que necesita —contestó el grillo. Y siguió—: Después deberán correrse y permitir que salga el sol otra vez.

Las nubes eran unas señoras muy amables. Y le explicaron al grillo:

—Nosotras nos movemos cuando nos empuja el viento.

Entonces Pepe, el grillo, habló con el viento:

—Señor viento, ¿podría soplar para empujar a las nubes? Necesitamos lluvia.

El viento contestó:

—¡Si empujo las nubes, provocaré inundaciones!

Detective del lenguaje

¿Cuál de estas dos palabras es un sustantivo común: grillo o Pepe? ¿Por qué?

—Si no llueve, habrá sequía en el prado. ¡Es necesario que llueva un poco! —insistió el grillo. Y enseguida le explicó—: No hace falta que sople tanto. El colibrí necesita acercarse a las flores.

Si el colibrí no podía capturar insectos, moriría de hambre. Si el viento corría a las nubes, saldría el sol. Entonces, el calor del sol evaporaría el agua que sobraba y no habría inundaciones.

—¡Está bien! —sopló el viento.

Su soplido era muy fuerte y podría enredar los tallos de las flores como si fueran cabellos. Por suerte, el viento había entendido muy bien.

Después de la lluvia, salió el sol. El colibrí pudo juntar el néctar y también juntó insectos para alimentarse. El calor del sol evaporó el agua que sobraba. Todo estaba en equilibrio.

Por último, el grillo aconsejó a la abeja:

—A veces la naturaleza nos trae problemas, pero podemos resolverlos con la cooperación de todos. Por otra parte, si comienzas más temprano tu labor, podrás aprovechar la luz del sol.

Desde hace mucho tiempo, Karina, Picaflor y Josefa viven felices y menos cansados. Pueden jugar y convivir en el prado. Cada uno cumple con su tarea.

El sol calienta y da luz. El viento sopla, ni mucho ni poco. La lluvia moja la tierra. La flor fabrica y aporta alimento. La abeja extrae el polen de las flores. El colibrí junta el néctar. El prado ya no está desierto.

Es lindo ver a Yolanda revoloteando entre las flores. Mientras tanto, el grillo Pepe hace sonar su canción.

AHORA COMPRUEBA

¿Qué le aconsejó el grillo a la abeja?

Respuesta a la lectura

Resumir

Usa detalles del cuento como ayuda para resumir *Los amigos del prado*.

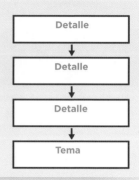

Evidencia en el texto

1. Este cuento es de fantasía. ¿Qué característica lo indica? Género

2. ¿Cuál es el mensaje de este cuento? Busca una oración que lo demuestre. Tema

3. ¿Cuál es el antónimo de *difícil* en la página 2? Antónimos

4. Escribe sobre los detalles que usa el autor para ayudarte a descubrir el tema. Escribir sobre la lectura

Compara los textos
Lee sobre cómo los adolescentes trabajan juntos para resolver problemas locales.

Los Cazadragones

Aniak es un pueblo pequeño de Alaska. No tenía un equipo de servicios de emergencia. Si alguien tenía un accidente, no había nadie entrenado para ayudarlo. El hospital más cercano estaba a 150 millas. En 1993, un grupo de muchachas adolescentes encontró un modo de ayudar.

Alaska

Aniak

Anchorage

ALASKA

Anchorage, la ciudad
grande más cercana, está
a 350 millas de Aniak.

Formaron el grupo llamado Los
Cazadragones. Sus integrantes se
entrenan como bomberos y aprenden
primeros auxilios. Luego, están
disponibles para las llamadas de todo
tipo de emergencia. Tal vez sea apagar
un incendio. También puede ser una
misión de búsqueda y rescate.

Los miembros de Los Cazadragones aprenden muchas cosas. Algunos decidieron estudiar medicina. Otros regresaron a Aniak para seguir ayudando a la comunidad.

Cómo convertirse en un cazadragones

Tener más de 14 años y ser buen estudiante

Entrenarse en primeros auxilios

Convertirse en un cazadragones

Unirse al grupo juvenil

Entrenarse 200 horas en lucha contra incendios

 Haz conexiones

¿Cómo trabajan juntos Los Cazadragones para resolver problemas?

Pregunta esencial

¿Por qué trabajar en conjunto es una buena manera de resolver un problema? Usa ejemplos del texto para justificar tu respuesta. El texto y otros textos

Enfoque:
Género

Fantasía Un cuento de fantasía es un relato que incluye personajes, ambientes u otros elementos imaginarios que no existen en la vida real.

Lee y descubre *Los amigos del prado* es un cuento de fantasía. La autora enseña que escuchando los consejos de los amigos y trabajando en equipo, los problemas se pueden resolver con facilidad.

Tu turno

Elige un cuento de fantasía. Usa un organizador gráfico para escribir los sucesos principales. Luego, usa el organizador gráfico para volver a escribir el cuento con tus propias palabras.